carolina maria de jesus

roteiro triscila oliveira
arte preta ilustra
arte final hely de brito, emanuelly araujo

quarto de despejo

Quarto de despejo
© Carolina Maria de Jesus, 2024.

Presidência: Guilherme Alves Mélega
Vice-presidência de soluções e serviços educacionais: Camila Cardoso Rotella
Direção editorial: Lidiane Vivaldini Olo
Gerência editorial: Julio Cesar Augustus de Paula Santos
Coordenação editorial: Laura Vecchioli do Prado
Edição: Carlos Eduardo de Oliveira (editor responsável), Gabriela Castro (editora) e Bianca Ramos (estagiária)
Planejamento, controle de produção e indicadores: Flávio Matuguma (ger.), Juliana Batista (coord.), Jayne Ruas (analista) e Renata Mendes (assistente)
Revisão: Letícia Pieroni (coord.), Aline Cristina Vieira, Anna Clara Razvickas, Carla Bertinato, Carolina Guarilha, Daniela Lima, Danielle Modesto, Diego Carbone, Elane Vicente, Gisele Valente, Helena Settecerze, Kátia S. Lopes Godoi, Lara Cigagna de Godoy, Lilian M. Kumai, Luana Marques, Luíza Thomaz, Malvina Tomáz, Marília H. Lima, Paula Freire, Paula Rubia Baltazar, Paula Teixeira, Raquel A. Taveira, Ricardo Miyake, Shirley Figueiredo Ayres, Tayra Alfonso, Thaise Rodrigues e Thayane Vieira
Arte: Fernanda Costa da Silva (ger.), Fábio Cavalcante (edição de arte e diagr.) e Anna Júlia Medeiros Martins (diagr.)
Design: Fábio Cavalcante (projeto gráfico) e Nathalia Laia (capa)
Roteiro: Triscila Oliveira
Ilustrações: Preta Ilustra
Arte final: Hely de Brito e Emanuelly Araujo

Todos os direitos reservados por Somos Sistemas de Ensino S.A.
Avenida Paulista, 901, 6ª andar – Bela Vista
São Paulo – SP – CEP 01310-200
http://www.somoseducacao.com.br

Dados Internacionais de Catalogação na Publicação (CIP)

```
Oliveira, Triscila
   Quarto de despejo / roteiro de Triscila Oliveira ; arte
Preta Ilustra ; arte final Hely de Brito, Emanuelly Araujo ;
autoria original de Carolina Maria de Jesus. -- 1. ed. --
São Paulo : SOMOS Sistemas de Ensino, 2024.
   104 p. : il.

   ISBN 978-85-0819-878-8

   1. Histórias em quadrinhos 2. Jesus, Carolina Maria de, 1914-
1977 - Diário 3. Negras - Brasil - Biografia 4. Favelas - São
Paulo (SP) - Condições sociais I. Título II. Jesus, Carolina
Maria de, 1914-1977 III. Preta Ilustra IV. Brito, Hely de V.
Araujo, Emanuelly

23-6881                                          CDD 741.5
```
Angélica Ilacqua – Bibliotecária – CRB-8/7057

Dados Internacionais de Catalogação na Publicação (CIP)

```
Oliveira, Triscila
   Quarto de despejo [livro eletrônico] / roteiro de
Triscila Oliveira ; arte Preta Ilustra ; arte final Hely de
Brito, Emanuelly Araujo ; autoria original de Carolina Maria
de Jesus. -- 1. ed. -- São Paulo : SOMOS Sistemas de Ensino,
2024.
   PDF

   ISBN 978-85-0819-877-1 (e-book)

   1. Histórias em quadrinhos 2. Jesus, Carolina Maria de, 1914-
1977 - Diário 3. Negras - Brasil - Biografia 4. Favelas - São
Paulo (SP) - Condições sociais I. Título II. Jesus, Carolina
Maria de, 1914-1977 III. Preta Ilustra IV. Brito, Hely de V.
Araujo, Emanuelly

23-6882                                          CDD 741.5
```
Angélica Ilacqua – Bibliotecária – CRB-8/7057

2024
Código CAE: 825980
ISBN: 9788508198788
1ª edição
1ª impressão

Impressão e acabamento: Bercrom Gráfica e Editora

Uma publicação

Carolina, o papel da língua

Quarto de despejo é um cinema feito da preciosa literatura de Carolina Maria de Jesus. Digo isso porque o impacto dessa obra sobre quem é exposto a ela aciona nossa polipercepção, convoca nossos sentidos. Seus surpreendentes períodos curtos trazem uma economia de gatilhos, então, bruscamente, o filho interrompe a escrita dela, o ato de escrever dela, porque ele está com fome. A técnica de seu estilo nos traz a urgência de uma vida aos solavancos. Vemos que a miséria produz uma instabilidade que se transforma na dinâmica daquelas vidas. Uma instabilidade como chão, como base, como ponto de partida para uma lida diária: não se sabe de nada. Não se sabe se haverá comida amanhã, não se sabe se algum filho vai adoecer e você não vai ter outro jeito, a não ser levá-lo a um hospital onde não será atendido, onde talvez nem haja médico. No entanto, mesmo sem poder prever alguma bonança, tenta-se desesperadamente que seja diferente.

A gente acompanha essa jornada da heroína, a gente viaja com Carolina e sua tragédia, a gente sente o cheiro da escassez. E o que surpreende a todos é que, desse ambiente insalubre, desassistido, excluído dos planos do desenvolvimento de uma pretensa sociedade "do bem", surge aquela intelectual. É desse quarto do despejo que emerge aquela flor, do meio da miséria, do extremo "não". Porque a exclusão é um grande não na cara daquele que não tem poder e, por isso, não pode; daquele em quem a nação não confia, pois o excluído não conta. A exclusão é uma grande negativa, é uma rejeição, é um *bullying* institucional elevado às últimas e extensas consequências. O abismo étnico em que vivemos e – há muitas camadas nisso – diz a todo preto, sem nenhum constrangimento: "Ó, você não pertence a esse lugar, não será aprovado por nós e estamos determinados a lhe deixar morrer sem ter acesso aos privilégios que nós temos". É isso que a exclusão grita na cara de cada pessoa fora do jogo privilegiado dos velhos colonizadores desta nação. E foi o fel de tudo isso que gritou na cara de Carolina, na vida de Carolina, estendendo a miséria sobre seus filhos, o quê, para nosso deleite, em nome da justiça do mundo, virou alta literatura. Poucos emergem de uma linha tão tênue de sobrevivência, poucos escapam de uma condição de anticidadania a ponto de contar a própria história. E o que realiza essa espetacular escritora é um documentário de palavras sobre os bastidores de uma comunidade muito pobre, a favela do Canindé, de onde brotaram a maioria de seus versos e prosas. No seu relato diário, habitam ao mesmo tempo sua condição e sua revolução.

Mesmo sendo ela respeitada e elogiada por Clarice Lispector, ainda assim, pode-se ver em alguns jornais da época a falta de respeito, o desprezo pela sua beleza, pela sua arte, pelo seu jeito de se vestir, pela figurinista que ela própria era. Carolina era muito elegante, criativa e uma modista de altíssimo nível. O eurocentrismo, com sua limitação cognitiva, não pôde compreender a sofisticação de sua estamparia e suas ousadas composições estéticas. Por isso lhe deu o desprezo, mas sua inteligência e seu potencial revolucionário não deixaram que seus algozes saíssem vitoriosos de todo.

É muito comum, e eu espero que já não tanto nos dias de hoje, que tentem se referir à Carolina sempre como "a catadora de papel". Dependendo da boca que fala, dá para sentir certo fetiche com a expressão. Ora, o diferencial dessa recicladora é que ela transmutou a realidade em letras. O papel volta às suas mãos, sua origem, pois, afinal, foi o Egito – o negro africano Egito – que inventou o papiro. Sua reciclagem em arte resultou numa ressignificação fruto da habilidade de Carolina Maria de Jesus. Estudou oficialmente tão pouco mas, como um rio de pedras preciosas, ninguém detete seu ouro natural. Quem recebe a obra de Carolina recebe um documentário, um filme, o testemunho crudelíssimo e lírico, embora paupérrimo e cheio de insegurança alimentar, e salta aos nossos olhos pleno de poesia. Como um céu de chumbo, o *Quarto de despejo* tem uns rasgos azuis em seu firmamento. No cenário de sua tragédia cotidiana, a escritora fornece detalhes de sua visão sobre as vizinhas, as invejas, as disputas, as mesquinharias, e, em meio a essa dor, subitamente nos beija a descrição de um céu estrelado, uma lua, uma chuva, uma palavra doce na boca de uma criança, uma prosa poética em forma de emplastro, uma gota de poesia que sopra as feridas. A autora crava seus olhos sobre a Casa Grande das cidades, dá a sua opinião sobre os ricos, a polícia e suas escrotidões, e nos estende sua sociologia escrita e conseguida a partir de seu contundente território.

Os filhos dormem, ela recebeu poucos cruzeiros pela quantidade de papel que catou mas os alimentou, cada um com a comida de sua preferência. Fazia questão de oferecer à sua prole uma alimentação decente. Gabava-se de lutar sozinha, sem a presença de um homem que a oprimisse ou violentasse, uma feminista de mãos operárias que, ao encontrar nossos resíduos, nosso lixo, transformou em tapa na cara da sociedade aquilo que essa mesma sociedade descartou na lixeira. Ninguém esperava sua sociologia, ninguém esperava dela a analítica e incontestável voz. Até hoje vê-se o espanto de alguns intelectuais diante de sua obra elogiada e traduzida em mais de 14 línguas, e, ainda assim, alguns acadêmicos brasileiros julgam duvidosa a qualidade de sua literatura, por causa do ambiente em que ela produz suas ideias do mundo e por conta do seu "pretuguês", termo cunhado por Lélia Gonzalez para designar a língua do povo.

Sabemos que Carolina Maria de Jesus denunciou, em alto e bom som, que "A favela é o quarto de despejo de uma cidade, o lugar dos trastes". A pensadora tirou todos os sociólogos brancos da zona de conforto e convocou à batalha os aliados da quilombagem. Assim vejo esta edição, como um fruto dessa linhagem quilombola. A beleza do traço preciso e maravilhoso da Preta Ilustra confirma a narrativa dessa dama impressionista de nossa literatura que traz uma agilidade imensa no seu diário. Há uma animação nestas páginas, um movimento, um filme no seu olhar que transita entre personagem e narrador numa facilidade de quem domina muito – não exatamente os rigores das normas da língua portuguesa, mas sim a linguagem. Escrever é a proposta de um pacto de linguagem e a leitura acontece quando esse pacto se estabelece entre narrativa e leitor. Grandes roteiristas têm muito o que aprender com a obra dessa mulher, creiam-me. Ninguém é o mesmo depois de receber o olhar de Carolina Maria de Jesus.

©JREstrella

elisa lucinda

@elisalucinda
Atriz, poeta, escritora e cantora brasileira
Fim de primavera, 2023

Advertência

Esta obra é uma adaptação do livro *Quarto de despejo: diário de uma favelada*, de Carolina Maria de Jesus. A edição respeita fielmente a linguagem da autora, que muitas vezes contraria a gramática, incluindo a grafia e a acentuação das palavras, mas que, por isso mesmo, traduz com realismo sua forma de enxergar e expressar o mundo.

ESTOU RESIDINDO NA FAVELA. MAS SE DEUS ME AJUDAR HEI DE MUDAR DAQUI. ESPERO QUE OS POLÍTICOS ESTINGUE AS FAVELAS. HÁ CASA QUE TEM CINCO FILHOS E A VELHA É QUEM ANDA O DIA INTEIRO PEDINDO ESMOLA. HÁ AS MULHERES QUE OS ESPOSOS ADOECE E ELAS NO PENADO DA ENFERMIDADE MANTEM O LAR. OS ESPOSOS QUANDO VÊ AS ESPOSAS MANTER O LAR, NÃO SARAM NUNCA MAIS. HONTEM EU BEBI UMA CERVEJA. HOJE ESTOU COM VONTADE DE BEBER OUTRA VEZ. MAS, NÃO VOU BEBER. NÃO QUERO VICIAR. TENHO RESPONSABILIDADE. MEUS FILHOS!

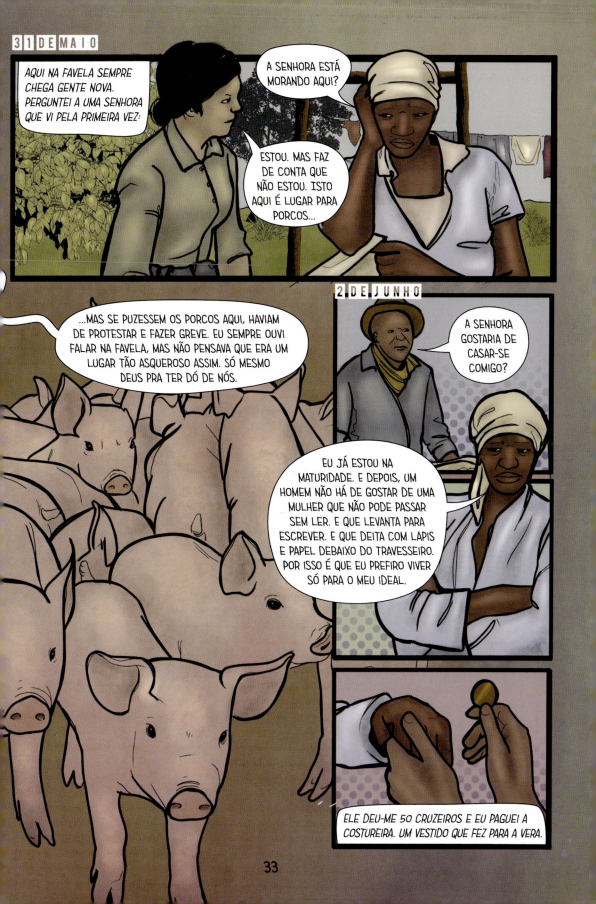

21 DE JULHO

É FOME!

E ME DERAM ESMOLA. MAS EU CAÍ PORQUE ESTAVA COM SONO.

EU JÁ ESTOU ABORRECENDO DE CATAR PAPEL, PORQUE QUANDO EU CHEGO NO DEPOSITO TEM A CICILIA QUE TRABALHA LÁ E É MUITO BRUTA.

PRETA FIDIDA.

ELA INSULTA-ME E EU FINJO NÃO OUVIR.

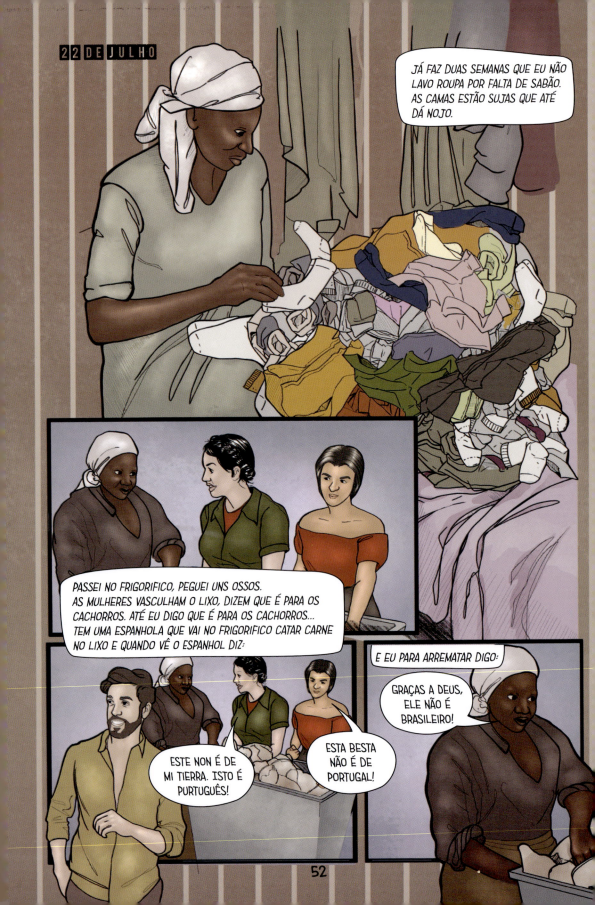

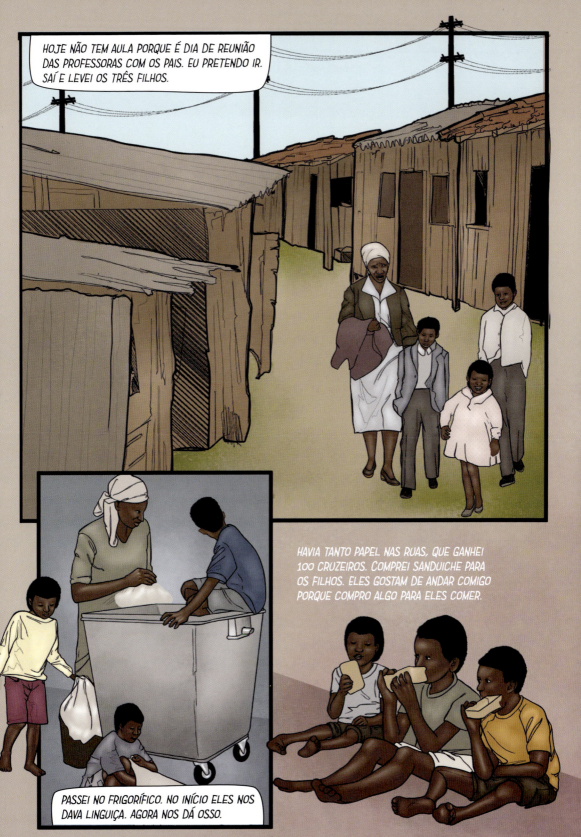

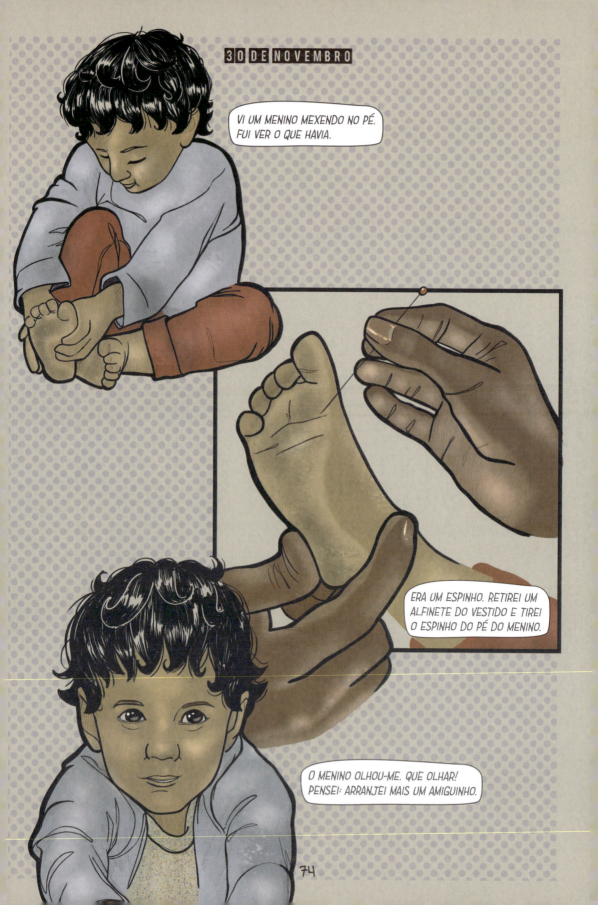

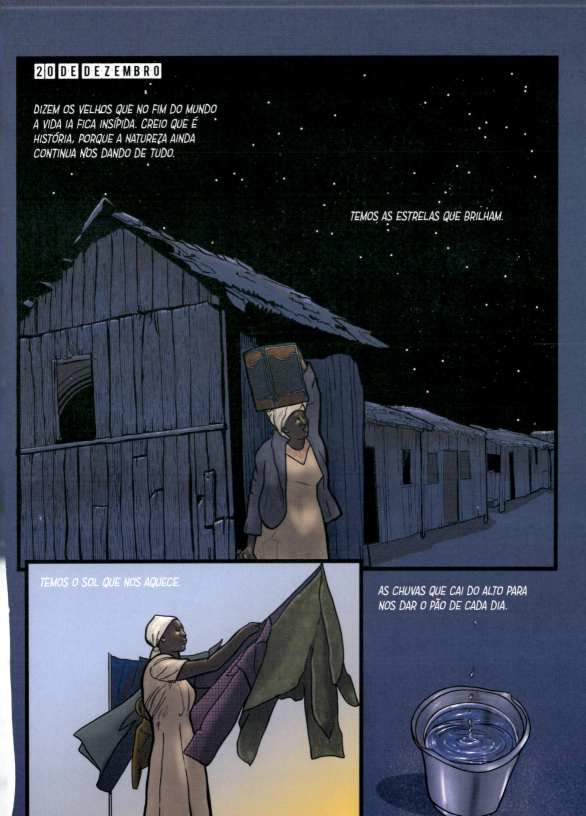

13 DE JUNHO

EU SAÍ. FUI CATAR UM POUCO DE PAPEL. OUÇO VARIAS PESSOAS DIZER:

CONVERSEI COM OS OPERARIOS...

ELA SAIU NO O CRUZEIRO. COM ELA AGORA É MAIS CRUZEIRO. ELES TE PAGARAM?

É AQUELA QUE ESTÁ NO O CRUZEIRO.

VÃO DAR-ME UMA CASA.

VAI ESPERANDO!

MAS COMO ESTÁ SUJA!

FAVELA, SUCURSAL DO INFERNO, OU O PROPRIO INFERNO. O LALAU DISSE QUE EU PONHO VARIAS PESSOAS NO JORNAL, MAS ELE EU NÃO PONHO.

SE VOCÊ ME POR NO JORNAL EU TE QUEBRO TODA, VAGABUNDA! ESTA NEGRA PRECISA SAIR DAQUI DA FAVELA.

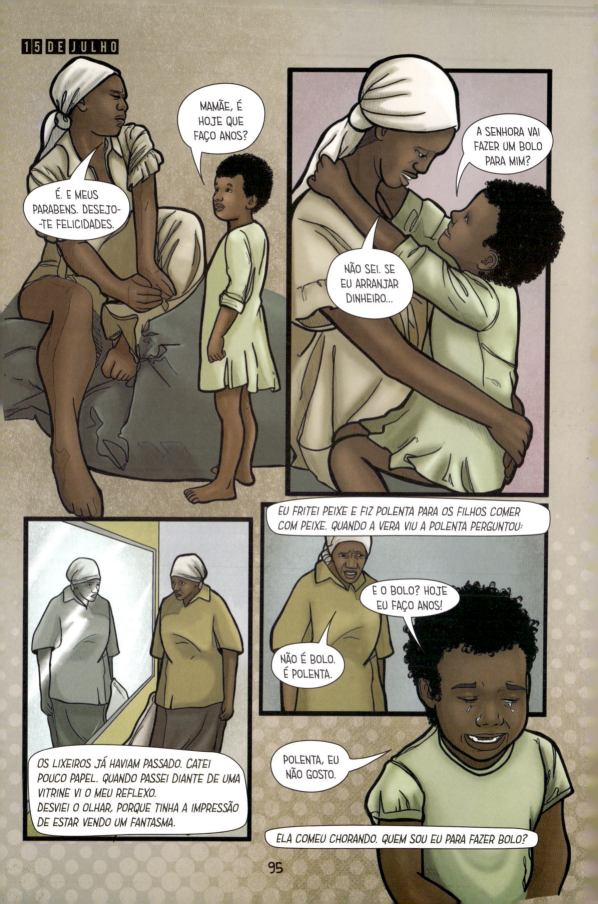

LEVANTEI AS 5 HORAS E FUI CARREGAR AGUA.

triscila oliveira

Adaptar *Quarto de despejo* para quadrinhos, para mim, foi revisitar tudo que passei e sobrevivi com meu irmão e minha mãe, mulher negra retinta e mãe solo, morando num morro na periferia da cidade de Niterói, no Rio de Janeiro. Diarista, lavadeira, passadeira, catadora, vendedora de picolé etc. Reler a obra pela quarta vez, mas desta vez para resumir sua rotina tão bruta, me fez sentir novamente as dores, a tristeza, a raiva e os alívios quando uma necessidade básica era suprida. Lata d'água na cabeça era minha realidade até 2017. A cada passo de Carolina, eu via minha mãe; a cada rebeldia de José Carlos, eu via meu irmão; e, a cada birra de Vera Eunice, eu via a mim mesma.

E talvez, apenas talvez, a parte mais dolorida da história de Carolina seja a de que mais de 50 anos depois, muito pouco ou nada mudou. Os quartos de despejo ainda estão aí. Intactos. Entre os prédios de luxo, escondidos atrás de cercas e muros, e há milhões de Carolinas Brasil afora.

Sou Triscila Oliveira, niteroiense, 37 anos. Trabalho desde criança, tenho o Ensino Médio completo e sou estudante autodidata das pautas de gênero, raça e classe. Desde 2015 atuo como ciberativista feminista e antirracista. Sou criadora de conteúdo, primeira chargista negra na Folha de S.Paulo *e coautora das* Web *séries em quadrinhos* Os Santos *e* Confinada. *Você pode conhecer mais do meu trabalho na minha página @afemme1.*

preta ilustra

Arquivo pessoal

Ilustrar *Quarto de despejo* foi um retorno ao meu início, foi reviver as memórias da criança com o olhar de quem percorreu um longo caminho e ganhou o direito de contar uma história. Eu nunca imaginei um dia ilustrar a Carolina. Do lugar de onde partem "as Carolinas", partem também "as Vanessas", e a luta por sobrevivência nos tira o direito de sonhar, de escrever e de ilustrar.

Foi assustador dar vida a esta história, retornar ao barraco, sentir o barro na sola dos pés, o cheiro do sabão nas roupas e o barulho das cigarras nas tardes quentes. *Quarto de despejo* foi um ilustrar silencioso e solitário, foi como calçar os sapatos de Carolina, sendo que a vida, durante muito tempo, a manteve descalça.

Meu nome é Vanessa Ferreira e nasci em janeiro de 1986, num barraco na Vila Guarani, Zona Sul de São Paulo. Meu sonho sempre foi viver de arte. Durante muito tempo me escondia nas escritas, lia muitos livros e fiz teatro, canto, dança. Em 2010, eu me formei em Publicidade na Belas Artes e fui a primeira mulher negra na área de criação em 99,9% dos espaços pelos quais passei. Rompi o ciclo de agências quando a @pretailustra se consolidou. Hoje, venho unindo a arte e a publicidade em trajetórias ilustradas, protagonizando um legado artístico preto e feminino.

hely de brito

Arquivo pessoal

Debruçar-me sobre a história de vida descrita em *Quarto de despejo* foi uma jornada de aprendizado muito rica sobre um olhar tão único, em primeira mão, da vivência que muitas pessoas têm nas favelas. Um livro escrito em meados dos anos 1960 e que ainda é tão relevante nos dias de hoje.

A escrita poética com que Carolina consegue descrever seus relatos é impactante, pois os temas retratados não são fáceis de abordar. Sua descrição da realidade tão crua de fome, violência e preconceitos vividos por ela e seus filhos é a mesma de muitas pessoas em comunidades, no Brasil e no mundo.

Nos tempos atuais, é fácil nos mantermos em bolhas, e muitas vezes a realidade descrita nesta obra é tão cruel que pode soar irreal. Mas é uma realidade de ontem, é uma realidade hoje, uma realidade que precisa ser vista, abordada e entendida.

Ao nos colocarmos na realidade do outro é que podemos entender suas dores, suas lutas e suas necessidades.

Meu nome é Hely de Brito, sou natural de Teresina, capital do Piauí. Fiz a graduação em Artes Plásticas na Universidade Federal do Piauí, e sou ilustradora, artista plástica e designer. Tenho como especialidade a área de ilustração infantil, mas já trabalhei com histórias em quadrinhos e na área de games.

Atualmente vivo com meu esposo Júnior, com quem trabalho em uma agência de design e divido uma extensa coleção de mangás. Gosto de desenhar, ler, assistir a filmes e sou apaixonada por histórias em quadrinhos.

Você pode me encontrar no Instagram como @ilustralyly.

emanuelly araujo

Oju Resende

Eu e minha mãe, que acompanhou bem de perto o processo de finalização das páginas, ficamos muito impactadas com as imagens e, sem nunca ter ouvido Carolina Maria de Jesus, parecia que eu escutava sua voz, sua tonalidade, seu sotaque em cada pintura.

Ler reflexões tão perspicazes sobre arte, cultura, sociedade e política vindas de uma mulher negra, pobre e sem estudo, juntamente com seus momentos de autoestima negra, me emocionou tremendamente e foi como um consolo saber que o auto-ódio infligido e impregnado ao povo negro não conseguiu atingi-la e que ela, por meio de seus relatos, passou isso adiante.

Minha mãe, como mulher nordestina de muita luta, que também mudou de estado em busca de melhores condições de vida, se identificou muito, principalmente na preocupação em criar os filhos sem condição e auxílio nenhum, o que demonstra que muita coisa não mudou em nosso país.

Ficamos felizes e de certa forma aliviadas pelo reconhecimento internacional de Carolina e por ela ter conseguido superar tantas adversidades.

Este é o retrato simples e ao mesmo tempo complexo dos reflexos do pós--abolição no Brasil e de como as manchas da escravidão, da desigualdade social e da xenofobia se alastram até hoje no nosso país. Pouco mudou desde 1888.

Olá, me chamo Emanuelly Araujo, vulgo Afronauta. Nasci em São Gonçalo, Região Metropolitana do Rio de Janeiro. Sou publicitária, designer, ilustradora, pixelartista, graffiteira e desenvolvedora de jogos, formada em Publicidade pela Universidade Federal Fluminense.

Amo criar, consumir e fazer artes de vários tipos, assistir a séries e participar de maratonas de criação de jogos. Amo minha família, meus dois cãezinhos e sou mãe de plantas. Faço artes e jogos antirracistas e atualmente trabalho produzindo conteúdo relacionado a games.

Posso ser encontrada no @vulgoafronauta no TikTok, X e Instagram.

Este livro foi composto nas fontes Rubik
e ImaginaryFriend e impresso sobre papel
couché fosco 150 g/m².